D0066016

le vin

bien l'accorder

le vin

bien l'accorder

Un guide complet pour marier au mieux vins et mets

fiona beckett

adaptation française claude dovaz

Gründ

Adaptation française et révision : Claude Dovaz
Secrétariat d'édition : Hélène Souchon
Photographies : Alan Williams

ISBN : 2-7000-6174-8
Dépôt légal : mars 2003
PAO : Sandrine Morgan
Imprimé en Italy

Éditions Gründ — 60, rue Mazarine — 75 006 Paris
www.grund.fr

table

préface

L'accord entre mets et vin n'est pas analogue à l'appariement de chaussettes ou de souliers dont l'alternative est « juste ou faux » : dans le premier cas de nombreuses associations sont possibles, certaines plus heureuses que d'autres – par exemple, tomates et basilic, poisson grillé et jus de citron, ou fraises et crème fouettée. Le vin devrait jouer le rôle d'un ingrédient supplémentaire qui donne au mets ce petit quelque chose qui le rend parfait ; et il n'existe pas de règle absolue car c'est une question de goût. Ce qui suit ne sont donc que des suggestions sujettes à interprétation : que boire avec vos mets préférés, quel vin commander dans un restaurant proposant de la cuisine étrangère ou même exotique – ils sont de plus en plus nombreux –, comment mettre en valeur les grandes bouteilles ? Ce jeu est passionnant car on ne cesse de se perfectionner : si vous vous risquez à modifier ou imaginer des recettes, vous aurez un jour la tentation d'essayer un vin inattendu, et vous serez peut-être ravi du résultat. Ne vous laissez pas angoisser par le choix du vin car le déguster sera toujours un plaisir !

Il existe des raisons pour lesquelles certains vins s'associent mieux avec ce que vous mangez. Vous n'avez certainement pas envie de vous laisser obséder par ce problème, mais la connaissance des principes de base vous sera certainement utiles.

principes de base

Quelques cépages rouges

barbera, bonarda, cabernet sauvignon, cinsaut, dolcetto, gamay, grenache, kékfrankos, lambrusco, malbec, merlot, nebbiolo, negroamaro, pinotage, pinot noir, primitivo, sangiovese, syrah/shiraz, tannat, tempranillo, zinfandel

Quelques cépages blancs

airén, aligoté, alvarinho, chardonnay, chasselas, chenin blanc, clairette, colombard, gewürztraminer, hárslevelü, marsanne, müller-thurgau, muscat, pinot blanc, riesling, sauvignon, savatiano, sémillon, sylvaner, ugni blanc, viognier, welschriesling

Quel genre de mets ?

Moins important que l'on pourrait croire. De toute évidence, le poisson demande un autre type de vin que, par exemple, une tarte aux fruits ; et le vin blanc convient en général mieux à la viande blanche qu'à la viande rouge. Pourtant vous ne pouvez laisser la richesse en protéines dicter seule le choix du vin. Celui-ci dépend aussi de la méthode de cuisson.

Méthode de cuisson

La température à laquelle le mets est servi est aussi importante. Les mets crus ou froids demandent un vin plus léger que les mets chauds. Ainsi, qu'il s'agisse de viande ou de poisson froids, un vin blanc ou rosé frappés, un rouge léger et fruité bien frais, conviennent les mieux.

Selon la méthode de cuisson, certains mets seront plus ou moins consistants, même si l'ingrédient principal est le même. Par exemple, un mets bouilli, cuit à la vapeur ou au four à micro-ondes, exige un vin moins corpulent que s'il est grillé ou rôti. Pour les mets cuits à une température élevée, un vin à plus forte teneur en alcool est préférable.

Il faut aussi tenir compte de la durée de cuisson. Les mets vite cuits (sautés, grillés, frits) demandent des vins plus légers que ceux braisés ou cuits à l'étouffée. Toutefois cela dépend de leur assaisonnement.

L'assaisonnement

Il semble évident que plus l'assaisonnement est relevé, plus le vin doit être corpulent. Ainsi, un poisson cuit à l'étuvée demandera un vin blanc ayant plus de caractère, s'il est nappé d'une sauce épicée, au lieu d'être simplement servi avec du beurre fondu. Il faut aussi tenir compte de la garniture.

La garniture

De même, le choix du vin sera différent si une garniture robuste – par exemple chou rouge ou ratatouille – accompagne un mets plutôt que des pommes vapeur. Dans le même ordre d'idée, la dinde farcie aux marrons, traditionnelle du repas de réveillon, exige un vin plus puissant que celui servi avec le poulet rôti dominical.

Difficile ? Pas vraiment

Pour résumer, « à plat léger vin léger, à plat robuste vin robuste ». Cette règle me paraît plus conforme à la gastronomie contemporaine que celle de grand papa : « vin blanc avec le poisson, vin rouge avec la viande ».

Quand il est question des ingrédients composant un mets, certaines saveurs reviennent fréquemment. Par exemple, vous ne penserez peut-être pas aux saveurs salés, sucrées ou amères ; mais si l'une d'elles est dominante, elle influencera certainement le choix du vin.

six saveurs-clefs

Salé

Les mets salés par eux-mêmes, comme les anchois et les huîtres, aiment les vins blancs nerveux comme le chablis, le gros plant et le muscadet. Les blancs plutôt neutres conviennent bien au corned beef et à la brandade de morue. Saler davantage un mets fait paraître un rouge boisé moins tannique.

Acide

Il est assez difficile de trouver un vin s'accordant avec les mets citronnés ou vinaigrés. Je suggère un vin ayant une bonne acidité comme un sauvignon, un riesling ou un rouge italien léger comme le valpolicella. Un filet de citron ajouté à un plat peut atténuer le caractère boisé de certains blancs ou des rouges corpulents.

amer

Les vins rouges assez ou très concentrés s'accordent bien avec le genre d'amertume que l'on perçoit dans les Champignons, le soja, le lard fumé et le vieux parmesan. En revanche, l'accord est moins heureux avec les vins blancs.

Épicé

Les plats épicés, réduisant la douceur de tout vin, peuvent donner une certaine astringence, par exemple à un bordeaux rouge ; et ils accentuent aussi les flaveurs boisées. Les meilleurs vins pour les accompagner sont les vins très fruités non boisés ou discrètement boisés.

Fumé

Les mets fumés ont besoin d'un vin avec une personnalité assez marquée pour supporter leurs flaveurs puissantes. Un xérès – fino sec ou manzanilla – est un choix sans risque mais, curieusement, une note sucrée, peut aussi convenir. Un riesling allemand, par exemple, accompagne bien les poissons et les viandes fumés – particulièrement le porc. Pour les grillades sauce barbecue, il est préférable de choisir un rouge puissant de syrah ou de zinfandel.

Sucré

Tout vin, accompagnant un mets sucré, paraît plus sec qu'il n'est en réalité. Avec un dessert, le vin doit par conséquent être plus sucré ou plus doux, faute de quoi il paraît mince et amer. Avec des plats amers contenant des ingrédients fruités ou sucrés, comme le miel ou l'airelle, ce n'est pas toujours possible, mais assurez-vous que le vin est au moins riche et fruité.

Quelques vins rouges

aloxe-corton, bandol, banyuls, barbaresco, barolo, beaune, bourgueil, canon-fronsac, chianti, cahors, cornas, chambolle-musigny, chablis, copertino, corbières, costières de nîmes, côte rôtie, côtes du ventoux, crozes-hermitage, faugères, gigondas, madiran, morgon, mavrodaphne, minervois, montepulciano, pomerol, ribera del duero, rully, saint-chinian, saint-émilion, alice salentino, saumur-champigny, sassicaia, valdepeñas, valpolicella, vin de pays des Coteaux de l'Ardèche, vosnes-romanée

Quelques vins blancs

albariño, asti, cava, barsac, bergerac sec, bianco di custozza, château-chalon, entre-deux-mers, gavi, mâcon, monbazillac, muscadet, orvieto, picpoul-de-pinet, pouilly-fumé, quincy, sancerre, saumur, soave, tokay, verdicchio, vermentino, vin de pays d'Oc, vinho verde

cuisines du monde

Nous vivons à une époque où nous pouvons manger toutes les cuisines du monde et les accompagner avec toutes sortes de vins. Pourtant, dans la plupart des pays, les gens s'en tiennent à ce qu'ils connaissent le mieux. Un Français se risque rarement à boire un vin étranger et il est de même d'un Italien. Quand je voyage à l'étranger, je suis toujours heureuse d'arroser mon repas avec les vins du pays, et quand je mange de la cuisine exotique, j'essaie toujours de découvrir le vin qui pourra s'accorder avec elle.

En Europe, il est facile de trouver une bouteille convenant à ce que vous mangez. C'est avec la cuisine de pays, sans tradition vinicole et où l'on sert plusieurs plats en même temps, qu'il faut faire preuve d'imagination.

cuisines nationales

Allemagne

Comme de juste, le riesling sec allemand s'accorde bien avec la gastronomie du pays : des viandes séchées et fumées, une délicate truite à la crème, ou des préparations plus rustiques comme la choucroute. Le riesling doux convient aux desserts à base de pommes et de citrons. Mais les superbes Trockenbeerenauslesen issu de raisin botrytisé et Eisweine (vins de glace) liquoreux se dégustent pour eux-mêmes. Les rouges modernes, par exemple ceux de Spätburgunder (pinot noir), sont excellents avec les viandes rôties – comme le seraient de nombreux rouges européens classiques.

Espagne

Les rosados (rosés) et les rouges sont plus populaires en Espagne que les blancs – y compris les célèbres xérès. Les vins jeunes (joven) sont meilleurs marché et plus polyvalents que les reservas et gran reservas élevés plus longtemps.

Avec les tapas et les produits de la mer, les xérès fino ou manzanilla frappés

Avec les poissons grillés et la paëlla, les blancs les plus intéressants, albariño, rueda ou rioja non boisé

Avec le populaire agneau, le porc et le cochon de lait, les rouges ribera del duero, rioja et ceux de la Navarre voisine

Autres vins à essayer : Les vins argentins de tempranillo (le cépage du rioja), les vins rouges de la vallée du Rhône et du Languedoc conviennent bien aux plats de viande espagnols.

France

Quand on se trouve dans une province vinicole, je conseille de boire le vin de la région. Ne craignez pas l'achat en direct chez les vignerons ou dans les coopératives – il y en a d'excellentes.

Avec les fruits de mer et les poissons, muscadet, gros plant, chablis ou un sauvignon de la Loire

Avec la charcuterie, un rouge léger comme le beaujolais ou un simple vin de pays

Avec les mets servis en sauce à la crème, bourgogne blanc, chardonnay du Languedoc, viognier, riesling ou pinot gris d'Alsace

Avec la cuisine au vin, servez le même vin que pour sa préparation. Des vins robustes comme le corbières, le faugères, le fitou, le minervois et le saint-chignan s'accordent bien avec la cuisine de bistro.

Nuit d'Espagne

Le soir, les rues s'animent et on y vend en plein air de rafraîchissantes tranches de pastèque, accompagnées traditionnellement d'un verre de manzanilla.

En France, au restaurant

Remplacez votre apéritif habituel par un kir, verre de blanc sec (bourgogne aligoté) adouci par un trait de crème de cassis, ou un kir royal, flûte de champagne et crème de cassis.

Essayez de marier fromage et vin de la même région, par exemple chaource et champagne, munster et gewürzytaminer, crottin de chavignol avec sancerre, époisses aves pernand-vergelesses.

Porto au Portugal

Sur place, on ne boit en général du porto qu'à l'occasion de cérémonies comme le mariage, mais en été on sert couramment comme apéritif un mélange de porto blanc et d'eau gazeuse sur glace.

Un dessert italien

Trempez dans du vin santo un cantucci (biscuit aux amandes).

Avec la pâtisserie, des vins liquoreux abordables comme un coteaux-du-layon, un monbazillac, un saussignac ou alors un vin doux naturel comme le muscat de rivesaltes

Italie

Le vin est en Italie aussi régional que la cuisine – du gouleyant pinot grigio dont on pourrait penser qu'il a été inventé pour accompagner la cuisine marine de Venise au barolo ou au barbera que l'on boit, au Piémont, avec des pâtes mêlées de lamelles de truffe blanche.

Avec les antipasti, pâtes aux fruits de mer et poissons, les blancs assez neutres sont des partenaires idéals. Moins connus que le soave, les vernaccia di san giminiano, verdiccgio dei castelle di kesi, bianca di custoea et orvieto le remplacent avantageusement.

Avec rôtis et grillades, je trouve que les flaveurs de cerise amère des vins rouges comme les barbera, dolcetto, valpolicella et le chianti se marient bien.

Avec les viandes rouges et les fromages, les rouges méridionaux, très foncés aux notes de figue comme le negroamaro, se marient bien. C'est aussi le cas des rouges argentins, australiens et californiens à base de sangiovese, barbera et bonarda.

Autres vins à essayer Si vous séjournez en Italie, ou mangez à l'étranger dans un restaurant italien, demandez des vins de régions sous-estimées comme l'Ombrie, les Marches, les provinces du sud et la Sicile.

Portugal

Avec son interminable côte, le Portugal rend hommage dans sa cuisine aux produits de la mer, mais les plats de viande y sont plus fréquents que l'on imagine.

Avec poissons et fruits de mer, un vinho verde perlant ou un des nouveaux blancs modernes.

Scandinavie

La saveur aigre-douce des innombrables hors-d'œuvre à base de filets de poisson en saumure est le principal obstacle que rencontre l'amateur de vin. La bière, l'aquavit et le schnapps sont les boissons traditionnelles, mais on peut se risquer à essayer un riesling d'Alsace ou un riesling allemand de vendange tardive. Un vin de pinot noir d'Europe ou d'outre-mer accompagnera parfaitement la venaison.

Grèce, Turquie et Liban

Bien qu'il y ait des différences entre la cuisine de ces trois pays, la structure des repas est analogue – hors-d'œuvre chauds et froids suivis par des grillades de poisson ou de viande – et la palette des saveurs est similaire. C'est un style de cuisine auquel les bons vins blancs frais et nerveux, élaborés maintenant en Grèce et d'autres vins secs méditerranéens, conviennent excellemment.

La viande et les plats riches en aromates à base d'aubergine s'associent bien aux vins rouges modernes, souples et fruités et à ce chef-d'œuvre proche-oriental qu'est le Château Musar libanais – un vin opulent élevé dans le chêne.

En Grèce occidentale dans des îles comme Corfou et Céphalonie – la plus grande des îles ioniennes – où la cuisine révèle une certaine influence italienne, celle-ci se marie bien avec les vins italiens.

Que boire d'autre avec la cuisine de ces pays ? Des vins rouges de syrah et de tempranillo et, pourquoi pas, des vins blancs australiens, comme ceux issus du verdelho.

Tunisie et Maroc

Il faut goûter les saveurs légèrement épicées qui caractérisent la nouvelle génération des vins rouges tunisiens et marocains, issus des cépages les plus courants dans le Midi de la France. Ils conviennent bien aux spécialités locales : les différents tadjines et l'inévitable couscous. Sur place, les vins d'importation sont hors de prix.

Thaïlande et Asie du Sud-Est

Pour affronter les saveurs aigres-douces et pimentées de la cuisine thaïlandaise, le vin blanc me semble plus indiqué que le rouge. Les blancs discrètement fruités ayant une bonne acidité, issus du pinot gris, du riesling et du sylvaner, lui conviennent bien. Ils accompagnent très heureusement la cuisine vietnamienne, plus délicate. Les vins de sauvignon et de sémillon peuvent aussi accompagner ces cuisines. Si vous préférez du rouge, choisissez un vin jeune, léger et modérément fruité.

Chine

À mon avis, les rosés fruités et les rouges légers, comme le beaujolais et les vins bon marché des pays vinicoles d'Océanie, conviennent mieux à la cuisine chinoise que les blancs aromatiques, comme le riesling et le gewürztraminer, généralement recommandés. Le pinot noir s'accorde admirablement avec le canard laqué. Le sauvignon va bien avec les poissons, les crustacés et les fritures comme les rouleaux de printemps. Le mousseux – blanc ou rosé –, un vin polyvalent, peut arroser tout le repas.

Japon

Trouver les vins qui s'accordent avec la cuisine japonaise n'est pas particulièrement facile. Les Japonais boivent de la bière ou même du cognac avec leur repas mais adorent le chablis et les grands bordeaux avec la cuisine française... Pourtant des vins blancs très secs comme le chablis ou le muscadet, ou alors un champagne blanc de blancs, se marient bien avec les plats crus comme les sashimi et sushi. Les mousseux vont bien aussi avec le tempura. Avec les grillades à base de viande, on peut boire un rouge fruité moyennement corpulent comme un merlot.

Amérique du Nord

On cultive la vigne dans la plus grande partie des Etats-Unis, mais on ne trouve qu'en Californie une culture gastronomique et œnologique aussi développée. On y trouve toutes sortes de cuisines et les vins qui vont avec. Mais les influences asiatiques et méditerranéennes dominent. Avec les salades, produits de la mer et les légumes, buvez du sauvignon (plus souple et moins herbacé que dans le reste du monde), du chardonnay et du viognier ; avec les viandes, du cabernet-sauvignon de

Vins d'Océanie avec cuisine d'Asie

Certains vins d'Australie et de Nouvelle-Zélande sont parfaits pour accompagner la cuisine asiatique :

Chardonnay mousseux australien

Riesling australien et néo-zélandais

Sauvignon australien et néo-zélandais

Rosé australien

Shiraz (syrah) australien bon marché – Réservez le shiraz haut de gamme pour la grande cuisine.

grande classe, du zinfandel, du merlot et du pinot noir (qui va aussi avec le poisson). Pour ces deux derniers vins, n'oubliez pas ceux de l'Oregon et de l'État de Washington.

Amérique latine

Le Mexique possède une bonne cuisine mais une production vinicole presque insignifiante. En revanche, le Chili et l'Argentine ont de grands vins, mais leur cuisine ne mérite pas le détour (à l'exception des steaks).

solution : boire des vins latino-américains avec de la cuisine mexicaine et du sauvignon avec les produits de la mer ; du cabernet-sauvignon aux flaveurs de mûre, du merlot opulent et du malbec plus souple avec les viandes de bœuf et de mouton.

Antilles

Dans ce pays l'on boit surtout de la bière et des cocktails. Mais quand la cuisine n'est pas outrageusement épicée, les rouges et les blancs latino-américains viennent à la rescousse.
Quand on pense aux caris, la cuisine indienne paraît être un défi pour l'amateur de vins. En effet, si le plat est puissamment épicé, il vaut mieux boire de la bière - ou un mélange d'eau et de yaourt. En revanche, si les épices sont plus discrètes, on trouve en Inde des vins d'importation – la production indienne est qualitativement et quantitativement négligeable – qui conviennent parfaitement comme, en blanc, les sémillon/chardonnay et colombard australiens et le colombard sud-africain, et en rouge les shiraz (syrah) et shiraz/cabernet australiens bon marché. Les rouges portugais sont étonnamment agréables avec cette cuisine. De manière générale, il faut éviter les rouges corpulents à forte teneur en alcool qui augmentent en bouche l'impression de feu. Avec les plats les moins épicés, on peut tenter les blancs, les rosés secs et nerveux et même les mousseux.

Vins et cuisine italo-californiens

On n'en trouve guère ailleurs, mais surveillez l'arrivée prochaine d'une vague de vins californiens d'inspiration italienne comme le sangiovese, élaborés pour satisfaire la passion des américains pour la cuisine et les vins italiens.

guide des affinités

Pensez aux ingrédients que vous préférez – pâtes, poissons, viandes, chocolat (qui ne l'adore pas ?) –, puis choisissez une des mille manières de les préparer. Il vous restera à décider quels vins accompagneront vos plats favoris : ce guide pourra vous y aider.

Considérer les hors-d'œuvre comme un avant-goût du plat principal – ce qu'ils sont de fait souvent – facilite le choix du vin. Une petite portion de saumon demande le même vin qu'un saumon entier. Cela dit, des vins frais et légers sont à cette étape du repas préférables aux vins plus riches et corpulents qui vont suivre.

potages et hors-d'œuvre

Xérès

Traditionnellement servi avec les potages, un xérès très sec – manzzanilla ou fino – bien frappé s'accorde bien avec le saumon fumé, les calmars et les petits poissons frits et comme de juste avec les tapas.

Franchement, on n'a pas besoin de boire de vin avec un consommé ou un potage, à moins qu'on ait affaire à une soupe assez consistante. Toutefois, je donne ci-dessous les affinités qui me paraissent les plus heureuses.

Bouillons, consommés et potages

sans risque : blancs discrètement aromatiques de la vallée du Rhône ou blancs modernes du Languedoc (marsanne, roussanne et viognier)

plus aventureux : avec un potage d'inspiration asiatique, sauvignon, de Nouvelle-Zélande ou verdelho australien.

Soupe consistante comme le minestrone

sans risque : Si elle compte beaucoup de légumes verts, un blanc assez neutre comme le soave, si elle comprend de la tomate et de l'ail ou des haricots ou encore des lentilles, un rouge robuste du Midi, d'Espagne ou du Portugal.

Soupe de poissons

sans risque : En général un blanc nerveux ou un rosé sec du genre de ceux que l'on trouve dans le Midi – ou un sauvignon à petit prix.

plus aventureux : Picpoul de Pinet ou La Clape blanc (coteaux du languedoc) ou albariño espagnol

Velouté ou autre potage crèmeux

sans risque : chardonnay peu ou pas boisé, chenin de la Loire ou d'Afrique du Sud

plus aventureux : viognier ou pinot gris d'Alsace, d'Italie ou d'Oregon

Gazpacho ou autre potage froid

sans risque : Vin blanc espagnol à prix modéré comme un rioja blanc non boisé ou, si votre bourse est mieux garnie, un albariño.

Tout comme les légumes, les salades ne déterminent votre choix du vin que si elles sont le plat de résistance. Plat estival et léger, la salade demande un vin estival comme un blanc sec ou un rosé servi bien frais, mais si votre sauce est plutôt relevée, il vous faudra un vin ayant davantage de caractère.

salades et sauces

Des vins nerveux

On ne conçoit pas de salade sans sauce et celle-ci étant presque toujours vinaigrée, citronnée ou piquante, il faut un vin nerveux ayant une bonne acidité pour l'accompagner. En général, un blanc sec non boisé ou un rouge jeune et léger seront le meilleur choix.

Salade verte et salade niçoise

sans risque : Un sauvignon sec avec un nez de fruit vert convient parfaitement à la salade verte, alors que la salade niçoise préfère la compagnie d'un rosé.

Salade composée avec poulet ou fromage

sans risque : chardonnay ou chardonnay/sémillon non boisés ou très jeune chenin blanc

Salade de tomates, feta et basilic ou autres salades tenant lieu de hors-d'oeuvre

sans risque : vin blanc sec plutôt neutre, de préférence italien (pinot grigio, soave, orvieto ou verdicchi)

plus aventureux : rueda ou rioja blanc non boisé

Salade asiatique avec sauce épicée

sans risque : vin blanc demi-sec ou rosé d'anjou

plus aventureux : blanc argentin aromatique (torrontés)

Salade avec foies de volaille ou lamelles de confit de canard tièdes

sans risque : Un vin de pays pinot noir s'associe particulièrement bien avec ce genre de salade composée.

plus aventureux : vins rouges allemands ou autrichiens

Salade additionnée de légumes grillés ou avec une sauce épicée ou très aillée

sans risque : un vin rouge souple, moyennement corpulent, comme un merlot vin de pays d'Oc, ou un merlot chilien

plus aventureux : un zinfandel californien

Trois pièges pour les adeptes de la salade

Une vinaigrette trop forte peut tuer le goût d'un bon vin. Si vous buvez quelque chose de sérieux, préparez la sauce avec du vin blanc ou du bouillon de poulet à la place de vinaigre. Un trait d'huile de noix ou de noisette peut rendre une sauce moins agressive.

Trop d'échalote ou trop d'ail peuvent aussi assassiner un vin fin. Choisissez plutôt un vin gai sans prétention comme un vin de pays des Côtes de Gascogne, un sauvignon bon marché, ou un rosé modérément fruité.

La sauce au roquefort est loin d'être accommodante. Si vous tenez au vin, tentez de vous en sortir en dominant son goût, avec un vin rouge très riche et solidement charpenté aux arômes intenses comme par exemple un madiran, un cahors, un vin californien ou chilien puissant.

Pique-niques

La température est le principal facteur dont il faut tenir compte pour choisir un vin de pique-nique. Blanc, rosé ou rouge – ou même mousseux –, il devra absolument être frais. Si vous frappez vos bouteilles avant de partir, puis les emportez dans un emballage isotherme, elles seront à la bonne température au moment du repas. Il ne faut pas oublier qu'en plein air, les saveurs et les goûts sont atténués : tenez en compte quand vous choisissez vos vins.

Je ne vous suggère pas de boire du vin avec le petit déjeuner, mais les œufs et le vin s'accordent étonnamment. Je dis « étonnamment » car on entend souvent dire que vin et œufs sont incompatibles. Je confesse que j'ai aimé du bordeaux rouge avec des œufs au lard et du meursault avec des œufs brouillés. J'ajoute que le champagne est réjouissant avec toutes les préparations à base d'œufs.

œufs et plats à base d'œufs

Brunch

Mot anglais tiré de breakfast et lunch : repas informel tenant lieu de petit déjeuner et de déjeuner, apprécié des lève-tard du week-end. Ceux-ci souffrant souvent des excès du samedi soir, rien ne vaut un champagne brut blanc de blanc pour les remettre en forme. Pour ceux que cette formule effrayerait, rassurez-les en offrant un mélange de mousseux et de jus d'orange.

Œufs brouillés

sans risque : vin rouge léger et fruité comme le beaujolais ; champagne blanc de blanc pour les œufs brouillés au saumon fumé

plus aventureux : vermentino de Sardaigne

Œufs sauce hollandaise

sans risque : La difficulté vient de la hollandaise, toutefois vous pouvez la contourner avec un chardonnay, boisé et de grande qualité, un excellent champagne, à défaut un alsace pinot blanc.

plus aventureux : condrieu

Œufs au lard

sans risque : bourgogne aligoté ou petit chablis

plus aventureux : bourgogne passetoutgrain

Œufs en meurette

sans risque : Le bon sens dicte que l'on choisisse le même vin que celui dans lequel les œufs ont été pochés.
plus aventureux : fleurie ou un autre cru du Beaujolais

Omelettes

sans risque : avec une omelette nature un mousseux brut, avec une omelette au fromage un vin blanc de Savoie ou du Jura, avec une omelette au lard, un beaujolais léger, un coteaux-du-lyonnais ou tout autre vin de gamay

Quiche

sans risque : Le vin dépend dans une certaine mesure des ingrédients, mais un vin blanc sans beaucoup de caractère comme le soave ou un vin de pays du Jardin de la France conviendra à la plupart des quiches.
plus aventureux : côtes-de-provence ou vins de Corse rosés

Soufflé au fromage

sans risque : saumur mousseux, crémant de loire, crémant d'alsace
plus aventureux : arbois vin jaune, château-chalon

Les pâtes sous toutes leurs formes faisant partie de notre alimentation quotidienne, surtout quand on n'a pas le temps de préparer autre chose, la tentation est de boire le vin que l'on a sous la main. Il vaut pourtant mieux choisir un vin, essentiellement en fonction de la sauce : les vins blancs conviennent aux sauces crémeuses, notamment à base de fruits de mer et les vins rouges aux sauces à base de tomates et/ou de viande.

pâtes et polenta

Spaghetti carbonara ou autre sauce crémeuse

sans risque : soave, orvieto, pinot bianco, alsace klevner (alsace pinot), alsace sylvaner

plus aventureux : viognier vin de pays d'Oc

Spaghetti alla vongole ou toute sauce à base de fruits de mer

sans risque : pinot grigio, frascati, vin italien de chardonnay bon marché, vin de pays du Jardin de la France

plus aventureux : vin blanc grec moderne non boisé, sauvignon californien, sancerre

spaghetti al limone

sans risque : verdicchio dei castelle di Jesi, orvieto, entre-deux-mer.

plus aventureux : valpolicella

Tagliatelle verde

sans risque : saupoudrées de parmesan, pinot grigio, gavi, bianco di cutoza, vin de pays chardonnay ; avec une sauce riche, vin rouge souple, peu ou moyennement corpulent, grignolino, dolcetto, mâcon rouge, touraine rouge

Sauce bolognaise et autres sauces à base de viande

sans risque : chianti classico, colli bolognese, crozes-hermitage
plus aventureux : côtes-du-roussillon, corbières, côtes de provence

Sauce napolitaine et autres sauces à base de tomates

sans risque : montepulciano d'abruzzo, barbera, côtes-du-rhône-village
plus aventureux : merlot hongrois

Puttanesca et autres sauces avec anchois, olives ou câpres

sans risque : vin rouge d'Italie méridionale comme le negroamaro ou l'aglianico
plus aventureux : vacqueras ou syrah d'Argentine

Lasagnes, cannelloni et autres pâtes à gratiner

sans risque : Tout dépend de la composition de la farce ou de la sauce – si elle est à base de viande, même vin que pour la sauce bolognaise, à base d'épinards et de ricotta, vin blanc plutôt neutre comme le soave, à base de champignons, un vin rouge léger comme le dolcetto ou un vin de pays.

Pâtes de luxe

Les pâtes ne sont pas nécessairement rustiques. Si elles sont associées à de la chair de langouste, de crabe ou des noix de coquille Saint-Jacques, choisissez un excellent chardonnay. Si on les a agrémentées de lamelles de truffe blanche, un barolo, un barbera ou un grand bourgogne, et si on y a mêlé du caviar, le champagne est de rigueur.

Pâtes paysannes

Quand vous voyagez en Italie, la trattoria de n'importe quel village vous propose le vin de terroir avec ses pâtes. Aussi, à votre retour n'hésitez pas à choisir un vin simple et guilleret pour accompagner celles que vous préparez pour le repas familial.

plus aventureux : avec des épinards un blanc espagnol comme l'albariño, avec des champignons, un pinot noir d'Oregon, de Nouvelle-Zélande ou un vin de pays d'Oc

Ravioli et agnolotti

Ici aussi tout dépend de la composition de la farce (voir ci-dessus).

Salades de pâtes

sans risque : soave, orvieto ou tout autre vin blanc sec sans prétention plutôt neutre
plus aventureux : chenin blanc de la Loire, d'Afrique du Sud, ou vin blanc sec d'Australie

Nouilles

Dans la cuisine bourgeoise, on prépare en général les nouilles - fraîches de préférence - simplement au beurre et saupoudrées de gruyère et/ou de parmesan, parfois au gratin. On les accompagnera d'un vin blanc ou rosé sans prétention. Dans la cuisine sino-vietnamienne, on utilise souvent des nouilles, et surtout des nouillettes, soit à la farine de blé, soit à la farine de riz, principalement comme ingrédient de diverses préparations. Pour les vins d'accompagnement se reporter aux pages 18 et 19.

Polenta

À moins qu'elle n'accompagne des viandes en sauce, choisissez un vin rouge léger comme un dolcetto ou un beaujolais-villages.

Si, pour les pâtes, le choix du vin est surtout guidé par la sauce, pour le riz, c'est la préparation culinaire qu'il accompagne qui le détermine.

riz

Risotto

sans risque : la plupart des vins blancs secs italiens (sauf un chardonnay boisé) ou leurs équivalents français. – Si le risotto est aux champignons, un pinot noir vin de pays. S'il accompagne des rognons ou des truffes, préférez un vin rouge léger, docetto, valpolicella ou un vin de pays.
plus aventureux : cahors, madiran, rioja reserva

Paella

sans risque : rosé espagnol ou rioja blanc non boisé
plus aventureux : blanc ou rosé des Côtes du Rhône

Biryani et pilaf

sans risque : à moins que les préparations qu'ils accompagnent soient très épicées, n'importe quel blanc ou rosé bon marché
plus aventureux : cava ou autre mousseux

Sushi

sans risque : thé vert
plus aventureux : mousseux, muscadet ou gros plant

La plupart des poissons, pour autant qu'ils soient frais, n'ont pas une odeur assez forte pour masquer les flaveurs du vin. Quand le poisson est ultra-frais et cuit très simplement, un vin blanc sec permet au gourmet d'apprécier sa saveur délicate. Lorsque d'autres ingrédients entrent en jeu – par exemple tomate et ail ou citron et coriandre – ou que le poisson est grillé ou rôti, il faut un vin plus robuste à la hauteur de ses saveurs plus fortes et plus insistantes.

poissons, coquillages, etc.

Cinq vins classiques pour le poisson

sauvignon – poissons grillés ou pochés

muscadet – huîtres et autres fruits de mer

chablis – poissons fins et huîtres

grands bourgognes blancs – poissons fins sauce riche, langouste et homard grillés

champagne – en cas de doute

Poissons fins comme sole, turbot et bar

sans risque : chablis, sancerre, pouilly-fumé, grands bourgognes blancs, graves

plus aventureux : grand champagne

Saumon frais

sans risque : chardonnay peu ou pas boisé

plus aventureux : (saumon au gril) bourgogne rouge, chinon ou bourgueil, pomerol

Maquereau, sardines et autres poissons huileux

sans risque : bourgogne aligoté, sauvignon de Touraine, vin de pays des Côtes de Gascogne colombard

plus aventureux : vinho verde portuguais, rioja blanc non boisé

thon, esturgeon et autres poissons gras

sans risque : tous les vins issus du sauvignon, chablis premier cru, mâcon-villages

plus aventureux : saumur-champigny, saint-nicolas-de-bourgueil, lalande de pomerol

Poisson frit

sans risque : gros-plant, muscadet, pinot grigio, roussette de savoie, crépy

plus aventureux : cava ou asti.

Poisson cru

sans risque : vin blanc très sec et nerveux un peu vert comme le gros plant ou le petit chablis

plus aventureux : meursault

Hareng saur, poissons saumurés

À vrai dire, la bière est préférable au vin, ou alors de l'aquavit ou de la vodka.

Vins aphrodisiaques

Le choix évident pour un souper romantique est le champagne que l'on peut déguster avec presque toute la cuisine raffinée et, avant tout, avec les huîtres – coquillage réputé pour ses propriétés aphrodisiaques.

Résumé des accords entre aromates, sauces et vins

sauces crémeuses – chardonnay non boisé

sauces au beurre – chardonnay boisé

aromates, notamment aneth – sauvignon

sauce tomate aillée – vins rouges méridionaux

Poisson fumé

sans risque : Quelques vins blancs secs conviennent bien avec les poissons modérément fumés – Le riesling peut être admirable avec le truite et le saumon fumés, comme aussi le xérès fino ou le manzanilla qui conviennent aussi au maquereau fumé.
mariage de grand style : Le champagne est le conjoint classique, un très grand riesling allemand (Johannisberg) ou alsace grand cru est le garçon d'honneur.
à éviter absolument : Vin et kipper, c'est dégoûtant !

Poisson poché

sans risque : tout vin blanc sec à base de sauvignon – d'un vin de pays simple à un vin prestigieux selon le poisson
plus aventureux : avec une sauce hollandaise, meursault, pessac-léognan

Poisson grillé

sans risque : côtes-du-rhône-villages blanc ou rosé, bandol blanc ou rosé
plus aventureux : beaujolais-villages, gamay de Touraine

Poisson meunière

sans risque : sancerre, pouilly-fumé, chablis grand cru, bourgogne blanc, alsace riesling

Truite et autres poissons de rivière

sans risque : chardonnay non boisé
plus aventureux : riesling Kabinett

Brandade

sans risque : bordeaux rosé, coteaux d'aix rosé, coteaux varois rosé, côtes de provence rosé

Bouillabaisse et soupe de poissons

sans risque : tout rosé sec du Midi, tavel, irouléguy rosé, collioure rosé, vin de pays catalan rosé

Langouste ou homard grillés

sans risque : hermitage blanc, corton-charlemagne, meursault, pessac-léognan blanc, champagne millésimé

Homard à l'américaine

sans risque : chardonnay de californie, alsace tokay-pinot gris
plus aventureux : château-chalon, arbois vin jaune

Écrevisses à la nage

sans risque : alsace-riesling, chablis, sauvignon de saint-bris, pouilly-fumé
plus aventureux : condrieu, viognier californien

Moules marinière

sans risque : gros plant du pays nantais, muscadet, vin de pays des Côtes de Gascogne colombard

Huîtres crues

sans risque : chablis, muscadet sur lies, chardonnay non boisé
plus aventureux : champagne blanc de blancs, crémant de loire, crémant d'alsace.

Vins, fruits de mer et crustacés

La plupart des fruits de mer et crustacés, par exemple crabes, crevettes, langoustines et coquilles Saint-Jacques s'accordent avec les chardonnays non boisés, mais je préfère des blancs plus secs comme le muscadet pour le plateau de fruits de mer classique.

L'intérêt du jus de citron

Un trait de jus de citron sur un poisson ou un fruit de mer fait paraître le vin plus frais.

Vin rouge avec la viande ? Oui, mais plus ou moins. Rien ne vaut un bon vin rouge avec la plupart des plats de viande. Pourtant, comme avec les autres mets, l'association idéale dépend de la méthode de cuisson et il existe des préparations avec lesquelles un vin blanc convient aussi bien.

plats de viande

Grillades au feu de bois

Une sauce puissante avec des notes aigres-douces peut complètement masquer les flaveurs d'un vin délicat. Choisissez un vin – par exemple de cabernet-sauvignon, de malbec (cot), de sangiovese, de syrah ou de zinfandel – bien charpenté et fruité, mais pas trop boisé afin d'éviter un excès de flaveurs d'épices et de charbon de bois.

Froide ou chaude ?

La viande froide demande un vin plus léger (et plus frais) que la viande chaude, ainsi, quand vous choisissez un rosé ou un rouge bien frais en été, vous avez raison.

Saignante ou à point ?

La viande peu cuite fait paraître les tanins du vin moins présents. Si vous servez un jeune cabernet-sauvignon qui n'a pas eu le temps de s'assouplir, servez soit le steak bleu soit bien grillé afin qu'il équilibre les tanins agressifs du vin. Poursuivez la cuisson un peu plus longtemps si vous servez un vin plus vieux, plus fragile.

Viande en sauce

À sauce riche, vin corpulent et concentré – En général, le vin sera d'autant plus classique que le goût de viande sera présent dans la préparation (moins il sera masqué par la sauce) et d'autant plus fruité que la sauce sera épicée.

Pavé de bœuf et chateaubriand

sans risque : La plupart des vins rouges se marient bien avec le

bœuf simplement poêlé ou grillé. Un bordeaux classé est le partenaire classique mais, franchement, tout rouge suffisamment charpenté, quelque soit le cépage dont il est issu, convient presque aussi bien.
incompatibilité d'humeur manifeste : vins blancs

Steak tartare et carpaccio

sans risque : rouge italien comme un chianti classico, français comme un montagne saint-émilion ou un côtes-de-castillon, espagnol comme un valdepeñas, chilien issu des cépages merlot ou malbec
plus aventureux : un rosé de Provence, un vin de pays du Gard rosé ou un champagne rosé.

Bœuf bourguignon

sans risque : Le même vin de Bourgogne que celui qui a servi à la cuisson.
plus aventureux : un des crus du Beaujolais, un chinon ou un bon coteaux-du-languedoc

Agneau

Une viande relativement abordable qui ne connaît pas d'interdiction religieuse et figure sur la table de nombreux pays dont, hors d'Europe, ceux du sud de la Méditerranée, de l'Inde et d'autres pays asiatiques - voir « cuisines du monde ».

Grillades et rôti d'agneau

sans risque : rouges fruités et boisés comme les crus bourgeois du Médoc, le saint-émilion, les rouges espagnols comme le

Abats

Les préparations à la crème comme le ris de veau demandent un blanc prestigieux, le foie et les rognons un rouge aimable comme le pomerol, la populaire tête de veau un bon rosé et l'andouillette grillée un rouge léger comme le beaujolais ou un blanc sec comme le sancerre.

Quelques vins convenant à des plats de viande

Châteauneuf-du-pape blanc avec l'escalope de veau normande

Madiran ou cabernet chilien avec le civet de lièvre

Côtes-du-rhône-villages ou rioja rouge avec le curry d'agneau

Canon-fronsac ou cabernet de Californie avec le bœuf en daube

Fleurie ou morgon avec le pot-au-feu

Champagne rosé avec le jambon braisé

rioja et le ribera del duero, portuguais comme le bairrada., les cabernets californiens et chiliens
plus aventureux : vins rouges d'Italie méridionale, vins rouges grecs modernes ou le célèbre château Musar libanais

Agneau aux petits oignons et pommes de terre

Vins rouges assez corpulents comme le côtes-du-roussillon, le crozes-hermitage et le malbec argentin

Porc

Comme le poulet, le porc peut être accompagné de vins rouges ou blancs, notamment s'il est cuit avec des fruits comme les pommes. Les rouges fruités conviennent mieux aux grillades au feu de bois.
sans risque : Les vins blancs secs de chenin blancs et les chardonnay vont bien avec le rôti de porc accompagné de purée de pommes de terre et le rôti de porc froid. Si vous préférez un vin rouge, choisissez un beaujolais-village, ou un côte-duventoux.

Porc poêlé et plats avec sauces à l'aigre-doux

sans risque : vins blancs fruités de sémillon
plus aventureux : vin rosé sec comme le tavel ou rosé demi-sec comme le cabernet d'anjou

Petit salé de porc et potée aux choux

sans risque : vins rouges assez robustes comme le fleurie, le morgon ou un coteaux-du-languedoc *plus aventureux* : pinotage sud-africain ou un vin australien de syrah

Saucisses à poêler ou griller
sans risque : vins rouges un peu rustiques du Midi de la France, de Calabre, de Sicile, d'Andalousie, du sud du Portugal ou d'Afrique du Nord

Jambon de Bayonne et autres jambons crus
sans risque : côtes-du-lubéron, coteaux-de-pierrevert, vin de corse rouge
plus aventureux : touraine gamay, beaujolais

Gibier à poil

sans risque : indiscutablement les plus grands vins rouges, crus classés du Médoc, de saint-émilion, de pessac-léognan, les grands pomerols, les premiers crus et les grands crus de Bourgogne, les grands vins des Côtes du Rhône
plus aventureux : les meilleurs vins rouges de Californie, du Chili, d'Argentine et d'Australie. Certains assurent que l'on peut se risquer à servir un grand champagne

Charcuterie

choucroute garnie Alsace sylvaner, alsace pinot

saucisson de Lyon Beaujolais, anjou-gamay, côtes-du-rhône, coteaux-du-tricastin

rillettes Saumur blanc, coteaux du loir blanc, montlouis

pâtés et terrines Bourgogne rouge, beaujolais-villages, côtes-du-rhône-villages

salami Valpolicella, dolcetto

chorizo Xérès fino ou manzanilla, rosado espagnol, rioja blanc non boisé

Le poulet, un des mets les plus populaires, se prépare de si nombreuses façons qu'il couvre une gamme très étendue de goûts. Des suggestions d'accord entre d'autres volailles et le gibier à plume avec les vins figurent aussi dans ce chapitre.

volailles et gibier à plumes

Poulets d'appellation et poulets industriels

Contrairement aux poulets industriels élevés en batterie, les poulets dits « label », élevés en semi-liberté, ont du goût. Un authentique gourmet ne masquera pas ce goût délicieux avec un vin trop puissant ou trop corpulent.

Peut-être faites-vous partie des adeptes des vins dits « biologiques » — on peut en trouver notamment dans la vallée du Rhône et le Midi.

Poulet rôti

sans risque : bourgogne rouge, bourgogne blanc ou autres vins de chardonnay ou de pinot noir

plus aventureux : chianti ou autres rouges italiens fruités, rioja modérément boisé

Poulet frit

sans risque : blancs secs et nerveux de sauvignon, blancs secs non boisés de chardonnay, rouges légers de merlot ou de gamay, valpolicella

Poulet grillé au feu de bois

sans risque : rosé de provence, vin rosé de pays, des coteaux de l'Ardèche

plus aventureux : rosé espagnol comme un rosado de Navarre

Poulet sauté à la méditerranéenne avec ail, oignons, tomates et poivrons

sans risque : vin rouge du Languedoc comme les corbières,

minervois et faugères ou côtes-du-rhône-villages
plus aventureux : vin rouge moderne de Sicile

Poulet sauté au citron vert et coriandre

sans risque : vin blanc aromatique comme le condrieu, un viognier de Californie ou un riesling australien
plus aventureux : alsace gewürztraminer

Poulet à la crème et aux champignons

sans risque : vin jaune (arbois ou côtes-du-jura) ou, à défaut, alsace tokay-pinot gris
plus aventureux : château chalon

Poulet à l'ail

sans risque : l'arôme envahissant de l'ail exige un vin puissant comme le châteauneuf-du-pape ou le gigondas
plus aventureux : vin australien de shiraz (syrah)

Fricassée de poulet

sans risque : chinon, bourgueil, saumur-champigny, lalande-de-pomerol
plus aventureux : alsace pinot noir

Coq au vin

sans risque : le vin ayant servi à la préparation (classiquement un bourgogne rouge assez corpulent)
plus aventureux : un cru du beaujolais comme le saint-amour ou le morgon ; un vin de pinot noir de l'Oregon ou de Nouvelle-Zélande

Foie gras

Le sauternes est le vin accompagnant traditionnellement le foie gras d'oie ou de canard, mais tout le monde n'aime pas cette association du salé et du sucré. Si c'était votre cas, essayez un alsace tokay-pinot gris ou un alsace gewürztraminer sec.

On boit aussi volontiers un vin moelleux avec la purée de foie d'oie.

Poule au pot

sans risque : beaujolais blanc, pouilly-fuissé, vin de pays d'O : chardonnay

plus aventureux : rioja blanc

Curry de poulet

sans risque : côtes-du-rhône-villages, côtes-de-provence rouge, patrimonio rouge (vin corse)

plus aventureux : penedès rouge

Dinde farcie

sans risque : Ce plat étant servi traditionnellement au dîner de réveillon, c'est l'occasion d'aller chercher dans votre cave des grandes bouteilles de rouge, crus classés du Médoc ou de saint-émilion, premiers crus et grands crus de la Côte d'Or et de la Côte de Beaune, hermitage, cornas, côte rôtie ou un châteauneuf-du-pape prestigieux.

plus aventureux : cuvée spéciale de champagne

Canard aux olives

sans risque : premières côtes-de-bordeaux rouge, côtes-de-castillon, fronsac, canon-fronsac, vin de pays d'Oc : cabernet-sauvignon

plus aventureux : zinfandel californien

Canard à l'orange

sans risque : cadillac, loupiac, sainte-croix-du-mont,

monbazillac, jurançon moelleux

plus aventureux : liqueur muscat australien

Confit de canard

sans risque : cahors, côtes-du-frontonnais, côtes-de-bergerac, irouléguy, madiran

plus aventureux : cabernet-sauvignon de Coonawarra (Australie-Méridoonale)

Oie rôtie farcie aux marrons

sans risque : rouge italien comme le barolo ou le barbaresco, cru du beaujolais ou beaujolais-villages, madiran, alsace pinot noir, buzet

plus aventureux : alsace grand cru riesling ou gewürztraminer

Bécasse flambée

sans risque : cru classé du Médoc ou de saint-émilion

plus aventureux : cabernet-sauvignon de Californie

Faisan et perdreau rôtis

sans risque : grand vin rouge de la Côte d'Or ou de la Côte de Beaune

plus aventureux : pinot noir de l'Oregon

Perdrix aux choux

sans risque : chinon, bourgueil

plus aventureux : lalande-de-pomerol

Huit vins extravagants pour boire avec le gibier

Hermitage

Côte rôtie

Château Latour

Château Lafite

Chambertin-clos de Bèze

Deux « super-toscan » : sassicaia et tignanello

Même si vous n'êtes pas un végétarien convaincu, il existe de si nombreux plats de légumes que vous serez un jour obligé de choisir le vin leur convenant.

légumes

Pour mieux digérer

Avec des plats lourds comme les choux rouges braisés au lard, il est préférable, pour en faciliter la digestion, de choisir un vin rouge puissant qu'un vin plus délicat, par exemple issu de la syrah plutôt que du pinot noir.

La méthode de cuisson compte avant tout

Les légumes ont le même rapport avec le vin que tout autre ingrédient puisque, comme eux, ils influencent son choix. Le facteur principal est la méthode de cuisson. Les légumes pas ou peu cuits (à la vapeur, au four à micro-ondes ou à l'eau bouillante pendant un temps court) demandent, en général, des vins blancs légers. Cuits avec une sauce crémeuse ou du fromage, ils s'accordent bien avec un chardonnay ou un autre vin blanc aimable et sec.

Un vin rouge convient mieux avec la plupart des légumes aux arômes marqués, comme l'aubergine, le poivron, les champignons, ou ceux qui sont grillés, poêlés ou rôtis.

Artichauts

sans risque : aucun, ce légume étant un ennemi notoire du vin.

à éviter absolument : le vin rouge

choix aventureux : vous pourriez risquer un vin blanc assez neutre comme l'orvieto italien ou un petit vin de pays, particulièrement si l'artichaut est présenté avec une vinaigrette additionnée d'un peu de zeste de citron.

Asperges

sans risque : Si elles sont servies avec une vinaigrette (pas trop acide), un sauvignon, avec une hollandaise ou du beurre fondu, un chardonnay non boisé.

plus aventureux : un alsace muscat ou un alsace riesling sec, Un rouge léger comme le beaujolais ou l'anjou-gamay peut convenir avec des asperges au gratin.

Aubergines

sans risque : rouge un peu rustique - fitou, côtes-de-roussillon, vin sicilien ou un vin espagnol de tempranillo

plus aventureux : vin rouge d'Afrique du Nord ou (notamment avec la moussaka) vin rouge grec. Un vin blanc sec et nerveux ou un rosé avec des plats d'aubergine froids

Chou fleur

sans risque : en salade, vin blanc sec de sauvignon ; au gratin, un coteaux-du-lyonnais ou un beaujolais

Chou vert braisé

sans risque : vin rouge pas trop corpulent comme un côtes-du-ventoux ou un costières de nîmes

Chou farci

sans risque : vin rouge plus robuste comme un côtes-du-roussillon ou un coteaux-du-languedoc

Chou rouge à la lilloise

sans risque : le même vin rouge que pour la cuisson

Légumes secs

Les plats auxquels participent les lentilles ou les haricots blancs ou rouges sont en général plutôt rustiques, aussi faut-il les accompagner avec des vins rouges robustes comme un fitou, un corbières, un côtes-du-roussillon, un saint-chinian ou un minervois. On peut aussi choisir des rouges espagols ou portuguais courants ou encore des vins d'Afrique du Nord.

Chou de Bruxelles

Ce légume ayant une odeur assez forte demande un vin blanc sec aromatique.

sans risque : alsace tokay-pinot gris

plus aventureux : on peut risquer un rouge puissant comme un vacqueyras ou un gigondas

Champignons

champignon de couche cru en salade

sans risque : vin blanc sec assez neutre comme le soave italien ou un vin de pays d'Oc chardonnay non boisé

champignon de couche à la crème

sans risque : vin blanc comme ci-dessus ou un petit vin rouge, touraine, anjou ou vin de pays du jardin de la France

champignons de cueillette

sans risque : sautés avec persil et ail, un rouge assez corpulent comme un canon-fronsac ou un côtes de castillon

choix extravagant : avec les cèpes, chambolle-musigny, vosne-romanée ou autre grand bourgogne ou pinot noir de l'Oregon ou de Nouvelle-Zélande

poivrons

Ce légume figurant dans de nombreux plats méditerranéens dont la célèbre ratatouille, un vin méditerranéen va de soi.

sans risque : côtes-de-provence rouge, côtes-du-roussillon, vin italien de tempranillo, vin de pays d'Oc syrah

plus aventureux : condrieu, viognier de Californie, albariño espagnol, verdelho australien, coteaux-de-carthage tunisien, mascara algérien

Épinards

Étant donné le goût particulier de ce légume qui serait dû à sa richesse en fer, un vin blanc sec est préférable à un vin rouge, surtout si des œufs lui sont associés.

sans risque : vin de chardonnay non boisé, soave ou gavi italiens, vin de pays des Côtes de Gascogne colombard

plus aventureux : avec la spanakopitta (plat à base de feta et d'épinards) retsina blanc ou rosé

Haricots verts

sans risque : sancerre, pouilly-fumé, saint-pourçin blanc, montlouis sec, côtes de provence blanc

Poireaux

sans risque : poireaux vinaigrette, de préférence de l'eau, sinon un vin blanc neutre ; poireaux au gratin, roussette de savoie

plus aventureux : côtes du jura blanc, arbois blanc

Tomates

crues ou à peine cuites

sans risque : pinot grigio, frascati, autres vins italiens blancs secs, rosés du Midi ou d'Espagne, sauvignon : vin de pays du Jardin de la France

Tomates sautées à la provençale

sans risque : vins rouges à petit prix du Midi, d'Espagne ou d'Italie

plus aventureux : vins rouges de Sardaigne ou de Sicile, sangiovese de Californie

S'intéresser à l'accord entre vins, cépages, épices et aromates peut sembler étrange, pourtant il existe une véritable affinité entre certains d'entre eux.

épices et aromates

Ennemis potentiels du vin

Ingrédients anormalement sucrés, salés, amers ou agressifs,

piment oiseau (cuisine cubaine et thaïlandaise) ;

vinaigre, par exemple vinaigrette forte,

raifort et moutarde anglaise,

pickles et chutneys,

ail cru,

anchois salés

Basilic

sans risque : blancs secs comme les soave, bianco di custoza et gavi italiens ou tout chardonnay non boisé

Coriandre fraîche et aneth

sans risque : sauvignon

Thym, romarin et origan

sans risque : rouges rustiques comme le côtes de roussillon et le corbières

Menthe

sans risque : Le cabernet-sauvignon a une réelle affinité avec la menthe.

plus aventureux : les blancs secs comme le sauvignon s'accordent mieux avec la cuisine du Proche-Orient.

Estragon

sans risque : chardonnay non boisé

plus aventureux : vins français à base de roussanne, marsanne et viognier ; arneis di roero sec (Italie)

Piments

Les piments enragés comme le piment de Cayenne posent un problème difficile, mais le meilleur accord possible est un blanc nerveux et fruité. Les rouges corpulents, notamment de Californie et du Chili, vont bien avec les chillies de la cuisine mexicaine et Tex-Mex.

Ail et beurre d'ail

sans risque : sauvignon ou chardonnay non boisé à petit prix

plus aventureux : rouges italiens ou du Midi

Gingembre (cuisine asiatique)

sans risque : blancs aromatiques comme le gewürztraminer, le riesling et, étonnamment, le champagne

Moutarde (par exemple lapin à la moutarde)

sans risque : Parmi les moutardes, celle de Dijon est la plus aimable et s'accorde bien avec des bourgognes légers.

Paprika (par exemple goulache)

sans risque : rouges hongrois de kadarka ou de kékfrankos (le blaufränkisch autrichien) ou bulgare de mavrud

Poivre (par exemple steak au poivre)

sans risque : rouge viril comme le cornas ou le gigondas.

à éviter : shiraz (syrah) australien trop boisé

Sel (par exemple anchois salé et beurre d'anchois)

Accord difficile, mais blanc très sec non boisé acceptable

Ingrédients de luxe

Les truffes dégagent un parfum envahissant. La truffe noire s'associe admirablement avec les rouges recommandés pour le gibier – grands bourgognes et barolo –, la truffe blanche avec un dolcetto – rouge italien moins ambitieux.

Le safran (comme dans la paella et le risotto) s'accorde avec un blanc sec comme un soave ou un gavi, un rosado espagnol, ou encore un jeune tempranillo.

Le principe essentiel est que le vin doit être plus sucré que le dessert – ce qui rend son choix plus facile pour des desserts aux fruits que pour les autres et aussi plus facile pour les desserts froids que pour les chauds.

desserts aux fruits

Fruits au vin

Plutôt que de boire du vin, vous pouvez arroser votre fruit de vin - ou le pocher dans du vin. Les meilleures associations sont poires, prunes et vin rouge opulent, pêches blanches et champagne, fraises et vin rouge léger comme un beaujolais.

Vins liquoreux meilleurs pour eux-mêmes

Grand bordeaux ou grand vin de la Loire liquoreux,

Trockenbeerenauslese et eiswein allemand et autrichien

Tokay azu 5 ou 5 puttonyos hongrois et iewine canadien

Pommes et pêches

Les vins liquoreux sont parfaits avec la tarte aux pommes, y compris la tarte Tatin, et la tarte aux pêches, servies telles quelles.

sans risque : liquoreux de la Loire comme coteaux-du-layon, bonnezeaux, quarts-de-chaume ; alsace riesling ou tokay-pinot gris sélection de grains nobles

Pêches et brugnons

Ces fruits peuvent être pochées dans du vin ou arrosés de vin, mais ils sont sublimes avec...

sans risque : sauternes, barsac ou, à défaut, cadillac, loupiac, sainte-croix-du-mont, monbazillac ou saussignac, muscat de beaumes-de-venise

plus aventureux : champagne demi-sec

Fraises

sans risque : moscato d'asti (si servies sans apprêt), bordeaux moelleux (si servies avec de la crème fraîche), clairette de die (avec une tarte aux fraises)

Abricots

sans risque : un muscat, tokay si servis chauds

Framboises

sans risque : alsace riesling vendanges tardives (encore meilleur avec de la crème fraîche)
plus aventureux : coulis de framboise ou liqueur de framboise arrosée de mousseux

Cassis, groseilles rouges ou blanches, mûres ou myrtilles

Accord difficile en raison de leur saveur aigrelette. Un alsace riesling vendanges tardives peut convenir.

Groseilles à maquereau

sans risque : excellentes avec muscat des beaumes-de-venise

Pamplemousse et autres fruits tropicaux

sans risque : tout vin moelleux de riesling ou de sémillon issu de vendanges tardives

Salade de fruits

sans risque : moscato d'asti, asti, blanquette de limoux ou crémant de die

Fruits secs (figues, dates, abricots, pruneaux et raisins)

sans risque : porto tawny, xérès oloroso doux – Ces vins conviennent aussi aux cakes.

Vins moelleux à prix abordables

Moscatel de Valencia

Muscat de rivesaltes, muscat de frontignan et muscat du cap corse, muscat de samos

Mavrodaphne de patras le moelleux rouge de Grèce qui aime le chocolat

Moscato d'asti

Riesling et sémillon australien de vendange tardive

Liquoreux de luxe

Sauternes et barsac

Vin santo traditionnel

Trockenbeerenauslese allemand ou autrichien

Bonnezeaux et quarts-de-chaume de la Loire

Eiswein et icevine

Recioto della valpolicella

On pourrait penser que boire un vin moelleux avec quelque chose d'aussi sucré que par exemple le chocolat serait aller trop loin, mais l'expérience prouve que cette association peut parfois être sublime.

autres desserts sucrés

Desserts flattant les vins doux

Tartes aux fruits
Crème renversée
Pêches blanches et brugnons

Vins doux flattant les desserts

Moscato d'asti et champagne demi-sec, et vins doux naturels : xérès oloroso doux, porto tawny et malaga solera – Vous estimerez peut-être que ces vins sont trop riches en alcool, mais vous pouvez n'en servir qu'un petit verre !

Desserts crémeux (crème renversée, pannacotta, tarte au fromage blanc...)

desserts crémeux (crème renversée, pannacotta, tarte au fromage blanc...)

sans risque : vins moelleux ou liquoreux, la plupart des vins de muscat

Soufflés aux fruits chauds ou glacés

sans risque : champagne demi-sec

plus aventureux : vouvray mousseux moelleux

Charlotte aux pommes

sans risque : jurançon, montravel moelleux, côtes-de-bergerac moelleux, muscat de frontignan, pineau-des-charentes, moscatel de valencia

plus aventureux : champagne rosé demi-sec

Kouglof

sans risque : alsace riesling vendanges tardives, alsace gewürztraminer sélection de grains nobles, pacherenc du vic-bilh moelleux

plus aventureux : champagne rosé demi-sec

Desserts au chocolat

sans risque : Les seuls vins qui se marient indiscutablement avec le chocolat sont les vins doux naturels des Pyrénées Orientales, maury, banyuls ou, mieux, banyuls grand cru.
plus aventureux : mavrodaphne de patras (vin de dessert rouge), recioto della valpolicella, pineau-des-charentes rosé, vieux porto tawny, malaga solera, liqueur muscat australien (si vous aimez les vins extrêmement doux)

Bûche de Noël

sans risque : traditionnellement un champagne demi-sec.
plus aventureux : clairette de die tradition, gaillac mousseux doux méthode gaillacoise, moscato d'asti

Glaces et sorbets

Seuls les liquoreux très riches peuvent convenir : sauternes ou bonnezeaux d'une grande année, xérès oloroso doux ou pedro ximénez, liqueur muscat australien. Avec les sorbets, mieux vaut de l'eau glacée, mais certains ne jurent que par la vodka !

Si vous vous êtes un jour demandé pourquoi votre vin préféré s'entendait mal avec le fromage que vous mangiez, et répondu que vin et fromage ne forment pas nécessairement le mariage idyllique que l'on croit : soyez donc prudent dans vos choix.

fromages en tous genres

Plateau de fromages

Il vaut mieux présenter quatre ou cinq excellents fromages d'une douzaine de fromages quelconques.

Vous pourriez égayer votre plateau avec des cerneaux de noix et des fruits secs.

Accords et désaccords

Quand il est question de goût, les avis ne sont pas unanimes, aussi chacun doit-il faire ses propres expériences. Il n'en reste pas moins que certains des fromages difficiles à accorder avec le vin comptent parmi les plus intéressants, hélas ! Le choix d'un vin compatible avec les fromages très odorants et/ou piquants comme le puant macéré, certains fromages à pâte pressée non cuite comme le cantal, et des fromages bleus comme le gorgonzola, ne va pas de soi.

En revanche, il est plus facile avec les fromages à saveur douce comme le boursin, à pâte molle fleurie comme le camembert, à pâte pressée cuite comme le comté, et avec la plupart des fromages de chèvre ou de brebis.

Enfin, si avec le fromage on ne boit pas de vin ou, dans certains cas de bière, il ne faut en aucun cas boire d'eau, minérale ou pas, car le mariage eau-fromage rend la digestion difficile.

Vins passe-partout

Heureusement, on peut servir de bons vins rouges avec de nombreux fromages, côtes-du-rhône, coteaux-du-languedoc, amarone et valpolicella italiens, valdepeñas et rioja espagnols, dão portugais et même le xérès amontillado.

Fromages frais comme le fontainebleau, le petit-suisse, le fromage blanc et le demi-sel

sans risque : aucun vin

plus aventureux : vin de pays blanc

Fromages à pâte fraîche comme le boursin, le lucullus et le saint-marcellin

sans risque : vins rouges légers et fruités – beaujolais, coteaux-du-lyonnais rouge, anjou-gamay

plus aventureux : rosés secs et fruités

Fromages à pâte molle fleurie et croûte fleurie comme le brie, le chaource et le camembert

sans risque : bourgogne rouge, moulin à vent ou autre cru du beaujolais, pomerol, merlot chilien

plus aventureux : arbois blanc, jurançon, alsace riesling

Fromages à pâte pressée cuite comme le comté, le gruyère et le beaufort

sans risque : arbois vin jaune, côtes du jura ou l'étoile vin de paille, château-chalon

Fromages à pâte pressée non cuite comme le cantal, le cheddar, le port-salut, le saint-nectaire et le gouda

Avant ou après le dessert ?

Autrefois, on servait souvent les fromages après le dessert, mais aujourd'hui, ils sont en général proposés après le plat de résistance, notamment quand celui-ci est accompagné par un vin rouge. Mais le passage du rouge au blanc pour les fromages avec lesquels le blanc se marie mieux peut être délicat. Certains amateurs préfèrent repousser la dégustation du roquefort et des autres fromages demandant des vins liquoreux à la fin du repas.

sans risque : crus du beaujolais, bourgogne rouge, bourgueil, châteauneuf-du-pape, barbera, rioja reserva et rosés.
plus aventureux : cabernet d'anjou ou tavel

Fromages persillés

sans risque : Les accords traditionnels sauternes avec le roquefort, et porto avec le stilton – en général : côtes du jura vin jaune, coteaux-du-layon, muscat de rivesaltes, Trockenbeerenauslese allemand, alsace gewürztraminer sélection de grains nobles, tokay hongrois, moscatel de valencia, mavrodaphne de patras liqueur muscat australien, banyuls ou maury
plus aventureux : Certains auteurs conseillent des vins rouges, moulin à vent, grand bourgogne, pessac-léognan, châteauneuf-du-pape, barolo, vega sicilia espagnol.

Fromages très odorants ou très piquants

sans risque : À mon avis aucun et ne sortez surtout pas vos grandes bouteilles de vénérables bourgognes ou bordeaux.
plus aventureux : Si vous tenez à offrir du vin, choisissez le rouge le plus corsé et le mieux charpenté possible sauf, peut-être, avec le munster auquel on associe traditionnellement un alsace gewürztraminer. La meilleure solution est sans doute d'adopter les coutumes locales, à savoir un calvados avec le maroilles et le puant macéré, un calvados avec le livarot, un genièvre avec la boulette d'avesnes et un marc de Bourgogne avec l'époisses.

Fromages de chèvre comme le cabécou, le chabichou, le crottin de chavignol, le pélardon et le valençay

sans risque : vins blancs secs, sancerre, pouilly-fumé, menetou-salon, valençay, quincy, reuilly, cassis
plus aventureux : chinon, bourgueil, saumur-champigny

Fromages de brebis comme le broccio et le fleur de maquis corses, le pérail et les brebis des Pyrénées

sans risque : vins rouges moyennement charpentés, si possible de la région de production, patrimonio, côtes-d'auvergne, côte-roannaise, vins de marcillac, irouleguy, béarn
plus aventureux : pacherenc de vic-bilh, jurançon sec

Plats cuisinés au fromage

Avec les préparations culinaires dans lesquelles le fromage joue un rôle essentiel, les vins rouges très corpulents donnent une impression de lourdeur. En général, il est préférable de choisir un vin ayant une certaine acidité qui convient mieux aux plats gras ou huileux.
sans risque : Les rouges italiens comme le valpolicella ou les petits vins rouges de la Loire s'accordent particulièrement bien avec les lasagnes bolognaises, les cannelloni ou la moussaka.
plus aventureux : primitivo des Pouilles, zinfandel californien ou rouges de Grèce

Fondue savoyarde et raclette

sans risque : crépy, roussette de savoie, pouilly-sur-loire, soave ou tout blanc sec et nerveux discrètement aromatique
plus aventureux : alsace edelzwicker ou alsace sylvane.
grand bourgogne blanc, roussette de savoie ou rouges légers et fruités

Cinq unions idylliques

Beaujolais et brie
Munster et gewürztraminer
Sancerre et fromage de chèvre
Sauternes et roquefort
Vin jaune et comté

Il n'est pas fréquent que le choix des vins dicte celui des mets, mais cela se produit quelques fois quand on sort des grandes bouteilles, par exemple à l'occasion d'un anniversaire en tête-à-tête ou d'un dîner romantique - quand le champagne est de rigueur.

vins de fête

Pensez avant tout à l'autre

Vous songez sans doute à une grande bouteille de votre cave, mais elle n'aura l'effet désiré que si elle correspond aux goûts de la personne que vous voulez honorer. Le fait est que tout le monde n'aime pas le champagne – Comment est-ce possible ? –. En cas de doute, tâchez de vous renseigner discrètement afin de ne pas commettre un impair.

Faire briller les étoiles

L'essentiel est de ne pas en faire trop en servant des plats qui risquent de faire de l'ombre à vos grandes bouteilles. La clé du succès est une simplicité raffinée.

Quand une bouteille est d'un âge vénérable, le vin risque d'être fragile, aussi ne masquez pas ses qualités avec des mets trop épicés ou trop riches. Vous risquez aussi qu'il soit bouchonné ou oxydé à cause d'un bouchon desséché ayant perdu son étanchéité ou encore qu'il ait très largement dépassé son apogée et donne des signes évidents de vieillissement. Par prudence, ayez une bouteille de secours de même vin, ou d'un vin de même style.

Ne servez pas en premier un vin trop puissant qui risquerait de ne pas soutenir la comparaison avec le suivant. Choisissez par exemple un vin blanc plutôt neutre pour préparer la voie à votre grande bouteille de bordeaux, de bourgogne ou de vin des Côtes du Rhône septentrionales.

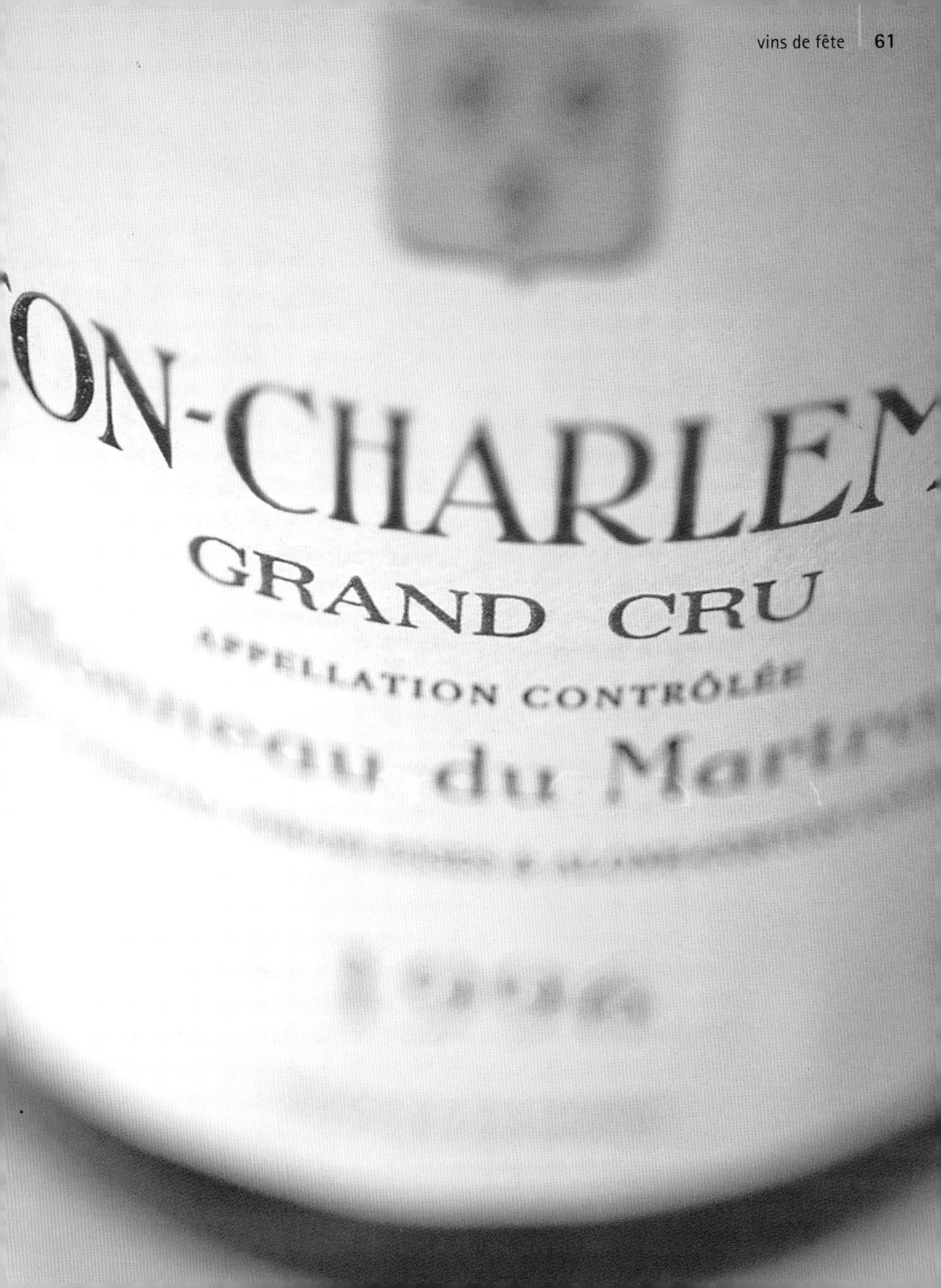
ON-CHARLEM
GRAND CRU
APPELLATION CONTRÔLÉE
du Mar

Champagne

Pour bien des gens, le **champagne** est un vin d'apéritif, mais s'il est de grande qualité, il peut arroser tout le repas. Il s'accorde admirablement avec les crustacés comme le homard et la langouste, les poissons fins comme le turbot ou le brochet, le caviar et le saumon fumé (plus les tranches sont fines et le fumage délicat, meilleur il est).

Le **champagne millésimé** d'un certain âge développe des flaveurs miellées qui s'accordent bien avec les truffes, et même le canard sauvage s'il n'est pas trop cuit et accompagné d'une sauce assez légère. On peut servir du **champagne rosé** avec le rôti de bœuf saignant et l'agneau rôti, et couronner la soirée avec un **champagne demi-sec** accompagnant le dessert.

Grands vins blancs

Si vous vous êtes laissés aller à une dépense extravagante pour du vin blanc, vous avez certainement enrichi votre cave d'un **grand bourgogne** issu du **chardonnay**. Dans ce cas aussi, pensez aux crustacés de luxe, homard ou langouste - à défaut crabes ou écrevisses - ou même à des huîtres (belons ou marennes). Ils conviennent bien aussi avec les sauces crémeuses, avec les poissons fins ou les volailles.

L'autre grand vin blanc est le **riesling**, parfois délicat à associer avec les mets, mais se plaisant avec les viandes et poissons fumés ainsi qu'avec la cuisine asiatique (préférez un **Spätlese allemand** ou un **alsace grand cru**.)

Grands vins rouges

Une bouteille de grand vin rouge est une bénédiction car elle n'exige pas de plat compliqué : il suffit de la servir avec une grillade de bœuf ou d'agneau.

Cela dit, il faut se souvenir de trois facteurs. Jeunes, les grands rouges sont très concentrés et tanniques, aussi peut-on utiliser des méthodes de cuisson robustes : rôtir, griller, même au feu de bois ; les vieux millésimes sont plus délicats et exigent des plats aux saveurs plus subtiles – par exemple de l'agneau ou du gibier de plume simplement rôti. Le cépage a une importance aussi grande : les grands vins de **pinot noir** (bourgognes) étant en général moins corpulents que ceux de **cabernet-sauvignon** (grands bordeaux) et ceux de **syrah** (hermitage, côte rôtie. et leurs voisins), des plats plus légers, par exemple poulet, faisan ou perdrix leur conviennent mieux.

Grands vins liquoreux

Certains vins – par exemple les **Trockenbeerenauslesen allemands et autrichiens** ou les **vins de glace** – sont si intenses qu'il vaut mieux les boire pour eux-mêmes ou avec un fruit voluptueux comme la pêche, mais la plupart des autres sont parfaits avec une tarte aux fruits (surtout pommes et poires) ou une crème renversée.

L'association du **sauternes** avec le roquefort ou le foie gras est sublime. C'est probablement le meilleur moyen de gagner ou regagner le cœur de votre belle !

Décanter ou pas ?

Vous n'avez pas besoin de décanter la plupart des vins jeunes – seuls les vieux millésimes, surtout les rouges, risquent de contenir un dépôt – mais cela fait de l'effet. Gardez la bouteille debout pendant 24 heures, puis placez derrière elle une source de lumière afin de pouvoir la mirer, versez-en le contenu lentement et régulièrement dans une carafe sans jamais vous interrompre et arrêtez dès que le dépôt atteint le col de la bouteille.

index